AF542646

MAITRE ET VALETS

A-PROPOS EN UN ACTE, EN VERS

Représenté à la Comédie-Française, le 15 janvier 1884,
à l'occasion du 262e anniversaire de la naissance
de Molière.

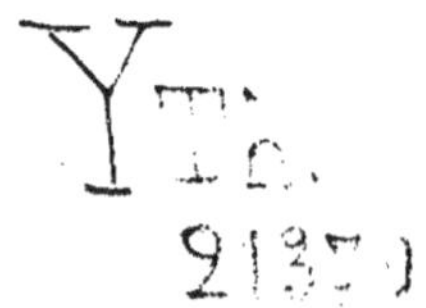

DU MÊME AUTEUR

Marcel, dr. en 1 a., en v., joué au théâtre Cluny. 1 »

Le Crime, dr. en 5 a., joué aux Menus-Plaisirs (M. Albin Valabrègue, collaborateur) . . . . . . 2 »

Les Deux Orages, com. en 1 a., jouée à l'Alhambra de Bruxelles . . . . 1 »

Par procuration, com. en 1 a., jouée à la Porte-Saint-Martin. 1 »

La Rédemption d'Istar, sc. lyr. en 2 parties, chantée au Théâtre-des-Nations 1 25

A la Mer, monologue dit par M. Coquelin cadet. » 50

Pas pressé, — — — » 50

Hésitations, — dit par Mlle Reichemberg. . » 50

Maladie grave, dit par M. Coquelin cadet . . . . » 50

Dans le Nord, — — . . . . » 50

Souvenirs, 1 vol. in-18, illustré par F. Régamey. 5 »

BERTOL-GRAIVIL

MAITRE ET VALETS

A-PROPOS EN UN ACTE, EN VERS

TRESSE, Éditeur

8, 9, 10, 11, GALERIE DU THÉATRE-FRANÇAIS

PALAIS-ROYAL

1884

A

JULES TRUFFIER

MON COLLABORATEUR ET AMI

B.-G.

Janvier 1884.

PERSONNAGES :

MASCARILLE	MM. COQUELIN CADET.
CRISPIN.	DE FÉRAUDY.
FIGARO.	TRUFFIER.

MAITRE ET VALETS

La scène est préparée pour le couronnement du buste de Molière. Mascarille est près du buste, Crispin entre par la gauche, Figaro par la droite; tous trois s'avancent vers le public, sans se voir, saluent; puis, se tournant vers le buste, commencent à déclamer.

MASCARILLE.

A Molière !

CRISPIN.

A Molière!

FIGARO.

A Molière !

(Ils se regardent stupéfaits.)

MASCARILLE, *après un temps.*

Pardon,
Messieurs, quels sont vos droits pour parler sur ce ton?
Viendriez-vous tous deux pour célébrer mon maître ?

Je ne crois pas avoir l'honneur de vous connaître :
Faites-moi le plaisir de décamper d'ici.
Vous ai-je vus jamais ?

CRISPIN et FIGARO, *ensemble.*

Non !

MASCARILLE.

Vous parlez ainsi
Sans crainte d'écorcher les oreilles présentes.
— Que voulez-vous, marauds ? Qu'êtes-vous ?

FIGARO et CRISPIN, *ensemble.*

Tu plaisantes ?

MASCARILLE, *choqué.*

Tu ? — Je suis Mascarille ! et je vous trouve osés...
Tutoyer l'empereur des fourbes...

FIGARO, *vivement.*

Excusez !

CRISPIN, *bénévolement.*

Tutoyer un ami, cela n'a rien d'énorme.

FIGARO.

(*à Crispin, désignant Mascarille*)

Il est du temps jadis où régnait « *la-a-forme !* »

MASCARILLE.

Expliquons-nous.

FIGARO.

Très bien.

CRISPIN.

Volontiers.

MASCARILLE, *à Crispin.*

Compagnon,
D'où viens-tu? que veux-tu? qu'es-tu? — D'abord, ton nom?

CRISPIN.

Crispin.

MASCARILLE.

Je suis marri de ne te point connaître.

CRISPIN.

Le grand siècle pourtant nous a tous deux vus naître.
Mascarille est uni par un étroit lien
A Crispin, espagnol autant qu'italien...

MASCARILLE.

Et ton métier?

CRISPIN.

Le tien : valet de comédie.

MASCARILLE.

Te comparer à moi? la licence est hardie!
— Que sais-tu faire?

CRISPIN.

Mais... ce que font nos pareils :
Briller dans l'action comme dans les conseils ;
Me divertir des sots ; travailler pour mon compte ;
Aider, en leurs amours, les neveux de Géronte,
Que gêne la tutelle étroite des vieillards ;
Livrer les testaments à l'assaut des pillards...
— Bref, sautillant et gai, je marche, en lignes courbes,
Sur ta trace...

MASCARILLE, *protestant.*

Hein !

CRISPIN, *obséquieux.*

De loin, grand empereur des fourbes :
Mascarillus !

MASCARILLE, *radouci et visiblement flatté.*

Pas mal ! Et quoique, dès l'abord,
Ta couleur de corbeau ne m'ait pas souri fort,
Ta chanson, j'en conviens, vaut mieux que ton plumage.
— Enfin, que prétends-tu ?

CRISPIN.

Comme toi, rendre hommage
A Molière.

MASCARILLE.

C'est fort. A quel titre peux-tu

Louer, d'une livrée étrangère vêtu,
Mon maître qui, jamais, n'usa de tes services ?

CRISPIN.

Son théâtre a tiré parti de tes seuls vices,
Et non des miens, c'est vrai : je le déplore ! — mais
Le droit de l'honorer est à tous, tu l'admets...
D'ailleurs, pour me donner ici voix au chapitre,
S'il te faut décliner encore quelque titre,
Sache que j'ai l'honneur d'avoir servi, sinon
Chez Molière, du moins chez quelqu'un de renom :
Regnard !

MASCARILLE, *faisant la moue.*

Peuh !

CRISPIN.

Ne fais pas ta mine refrognée...

(*Appuyant*)

... En qui Molière aurait reconnu sa lignée,
Et que l'aveu de tous tient pour seul héritier
De son rire, à défaut de son génie altier.
— Qu'en dis-tu ?

MASCARILLE.

Tes raisons ne sont point suffisantes.
Qu'a de commun Regnard, qu'ici tu représentes,
Avec le maître à tous que nous fêtons ce soir ?

Nous n'avons pas besoin de tes coups d'encensoir...
(Se tournant vers Figaro.)
A ton tour.

FIGARO.

J'ai l'esprit enclin à la satire,
Et tu vas me forcer, cher confrère, à tout dire.

MASCARILLE.

Je ne te comprends point, parle plus clairement.

FIGARO.

Je suis un jeune, moi; j'ai fait un compliment
A Molière.

MASCARILLE, *avec dédain.*

Parbleu! quelque sot monologue?

FIGARO.

Fi donc!

CRISPIN, *désignant Mascarille à Figaro.*

Sa Seigneurie est d'une humeur de dogue.

FIGARO, *de même à Crispin.*

De cerbère...

MASCARILLE, *à Figaro.*

Dis donc; parle...

FIGARO.

Un discours pompeux

Est de mode; pourtant je voudrais, si je peux,
Ne cueillant qu'une fleur en mon parterre éclose,
Jeter dans vos lauriers une modeste rose.

MASCARILLE.

(*A Crispin, désignant Figaro.*)

Son langage est fleuri.

CRISPIN.

Très piquant!

MASCARILLE, *à Figaro.*

Printanier !

Tu signes, beau diseur?

FIGARO.

FIGARO, le barbier!

(*Mascarille et Crispin font un geste dédaigneux.*)

FIGARO.

« Si le Ciel l'eût voulu, je serais fils d'un prince ! »
J'ai tenu comme vous, à la cour, en province,
Cet emploi de... valet, mais sur un autre ton
Que vous, héros troublés de la peur du bâton!
Et mon maître, malgré ma verve sans pareille,
S'est permis, tout au plus, de me tirer l'oreille.
— Comme toi, Mascarille, et comme toi, Crispin,
J'ai dans tous les métiers cherché mon gagne-pain.

(*Désignant Crispin.*)

Lui, qui fut miquelet dans les guerres d'Espagne,
N'a pas autant battu la ville et la campagne
Que moi, rasoir en poche et la guitare au dos,
Loué des gens d'esprit et blâmé des badauds.
* Je pourrais dire encor qu'effronté pamphlétaire,
* J'ai rêvé simplement de tout raser sur terre,
* Et de tout démolir pour tout remettre à neuf..

MASCARILLE et CRISPIN, *avec effroi.*

* Oh!...

FIGARO, *vivement.*

* Je ne vous veux pas conter *quatre-vingt neuf !*
* La politique, à vos esprits, peu familière,
* N'a rien à voir avec l'éloge de Molière...
* Au reste, puisque *tout finit par des chansons,*
* J'apporte mon couplet...

MASCARILLE.

* En deux mots, finissons.
Je vous crois à tous deux une langue sincère,
Je vous ferai donc place en cet anniversaire.
L'hommage ne sera, d'ailleurs, que plus complet ;
Trois zélés serviteurs parlent mieux qu'un valet...

---

* Les vers précédés d'un astérisque ne se disent pas à la représentation.

Et, puisque vous croyez votre voix cavalière
Assez puissante pour complimenter Molière,..
Chantons à notre tour...

FIGARO.

Sur le mode alterné...

MASCARILLE.

Soit.

CRISPIN, *à Mascarille.*

Commence.

MASCARILLE, *à Figaro.*

Non, toi.

FIGARO.

Non.

CRISPIN, *à Mascarille.*

Non, c'est toi l'aîné;
Puis ton verbe est classique...

FIGARO.

Et ta faconde immense!

MASCARILLE, *se défendant faiblement.*

Pourtant, la politesse...
(Sur un geste de supplication de Crispin et de Figaro.)
Allons, soit! — Je commence.
(Il se tourne vers le buste et déclame.)

A Molière, endormi depuis deux fois cent ans,
Moi, sa création toujours jeune et vivante,
Je rends hommage, étant, grâce à lui, je m'en vante,
Sûr d'ébrécher la faulx du temps!

CRISPIN, *railleur.*

C'est très-bien!

FIGARO, *de même.*

C'est parfait!

MASCARILLE, *surpris.*

Un peu moins d'ironie.
— Dis ton couplet, Crispin.

FIGARO, *à Crispin.*

Plus de cérémonie.

CRISPIN, *déclamant.*

Je veux lui rendre aussi, pour le peu que je vaux,
Moi, valet de Regnard, dont la verve écolière
N'a fait que fredonner le refrain de Molière,
Hommage au nom de ses rivaux!

FIGARO, *déclamant.*

Si ton art magistral recourt à nos services,
C'est que l'esprit d'intrigue en nous est le levain
Dont tu fais fermenter, chez tout ce monde vain,
Passions, faiblesse et vices.

MASCARILLE, *de même.*

Sans trop les corriger, ô sublime railleur !
Tu mets en tout son jour leur sottise diverse ;
Et l'on sort du spectacle où ta verve s'exerce,
Mieux averti, sinon meilleur...

FIGARO, *complimentant Mascarille.*

Ton éloquence, ami, n'est point trop saugrenue ;
Nous n'avons pas mieux dit.

CRISPIN.

Vraiment ?

FIGARO, *à Mascarille.*

Va, continue.

MASCARILLE, *visiblement vexé.*

Vous me narguez ? Tant pis. — Je ne dirai plus rien.
(*Il fait la moue. Puis se ravisant.*)
Je vais juger les coups ! — Parlez.
(*A part.*)
Nous verrons bien !
(*Après avoir fait encore quelques cérémonies avec Figaro, pour savoir qui parlera le premier.*)

CRISPIN *déclame.*

Maître du rire ! archer dont les traits ont pour cible
La sottise, l'intrigue et les mauvais penchants ;

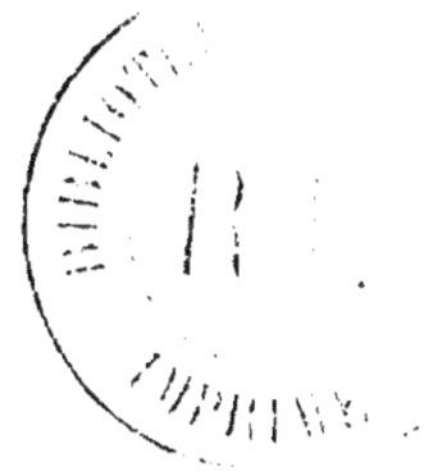

Qui, sans illusion sur ta tâche impossible,
Tentais de corriger les fous et les méchants,

Ta gloire est, aussi bien que ton œuvre, éternelle!
Les fils d'Adam toujours ont été ce qu'ils sont;
L'humanité se meut sans que rien change en elle,
Et tu nous a montré son âme jusqu'au fond!

Autre temps, mêmes mœurs; le dehors seul varie...
Tes portraits ressemblants vivent inimités;
Et si tu revenais, ta saine brusquerie
Nous jetterait au nez les mêmes vérités!

Si toujours le théâtre exploite l'âme humaine,
Nul autre, variant le refrain du même air,
Pour affranchir *Agnès* ou punir *Célimène*,
N'a ton style enjoué, plus généreux qu'amer.

Alceste, tendre cœur sous sa rude enveloppe,
Honnête homme qu'exalte un instinct révolté,
C'est bien toi; mais ton nom n'est pas le *Misanthrope*,
O grand contemplateur de notre humanité!

* Ne crains plus aujourd'hui *Tartuffe!* Lui, s'effare
* A ton nom seul, ainsi que cet oiseau de nuit
* Qui, surpris par l'éclat de quelque immense phare,
* Le heurte de son aile et s'y brise avec bruit!

---

* Les vers précédés d'un astérisque ne se disent pas à la représentation.

* Ne crains plus à nouveau que l'*Imposteur* salisse
* L'hommage de tes fils à tes pieds déposé :
* Car à ce tribunal, où le temps fait justice,
* L'accusé devient juge et le juge accusé !

Vaste front que pâlit la souffrance profonde,
Et que glaça la mort de son doigt trop hâté,
Revivant chaque jour par ton œuvre féconde,
Molière, dors en paix dans l'immortalité!

MASCARILLE, *à Crispin.*

Très bien. (*A Figaro.*) A toi.

FIGARO, *très modestement.*

Mes vers ne seront plus de mise...

MASCARILLE, *d'un air délibéré.*

Baste! Aux présomptueux la licence est permise.

FIGARO.

C'est donc par un couplet que je vais simplement
Mériter, s'il se peut, votre encouragement.

FIGARO *prend sa guitare et dit le couplet suivant, sur l'accompagnement de l'air du vaudeville final du* MARIAGE DE FIGARO.

Sur cette scène où la Gloire
Consacre les noms nouveaux,
Plus d'un triomphe illusoire
S'est enivré de bravos.

L'Oubli, dans son ombre noire,
Emportera... tel ou tel...
Et Molière est immortel!
Et Molière est immortel!

MASCARILLE.

Mes compliments.

FIGARO, *remerciant Mascarille.*

Merci.

CRISPIN.

Donc, plus de jalousies?

FIGARO.

Soyons amis

MASCARILLE, *leur tendant ses mains.*

Parbleu! l'heure est des mieux choisies
Pour sceller un durable accord. Chacun son tour,
Mascarille, Crispin, Figaro — tout amour! —
Se doivent embrasser sous le buste du maître!

CRISPIN, *embrassant Mascarille.*

Je suis tien!

FIGARO, *embrassant Mascarille.*

Je suis tien!

MASCARILLE, *à Crispin et à Figaro.*

Et vôtre je veux être.

(*Ils se pressent les mains vigoureusement*)

FIGARO.

A la vie!

CRISPIN.

A la mort!

MASCARILLE.

C'est par ma voix, ici,
Que Molière vous crie à tous deux : « Grand merci! »
Vous êtes, mes amis, des serviteurs fidèles.
La Gloire et la Grandeur aiment qu'on parle d'elles,
Vous en avez parlé noblement tous les deux;
Eh bien! saluez donc ce Maître glorieux.
— Regnard et Beaumarchais sont bien de sa famille.
Que de tels descendants notre maison fourmille,
Et l'on ne verra pas la fin de nos succès.

(Tous trois couronnent le buste).

Gloire au père immortel du Théâtre-Français!

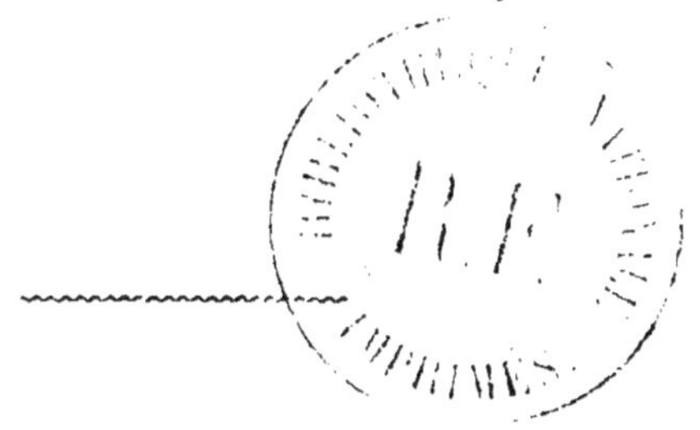

J. TRUFFIER

de la Comédie-Française.

Sous les frises . . . . 1 vol.

Trilles galants (avec L. Cressonnois) . . . . . . 1 vol.

Les Statues, conte en vers.

Petit-Jean, à-propos en vers, dit à la Comédie-Française par C. Coquelin.

Saute, Marquis ! opéra-comique, en 1 acte.

A PARIS
DES PRESSES DE JOUAUST ET SIGAUX
Rue Saint-Honoré, 338
M DCCC LXXXIV

www.ingramcontent.com/pod-product-compliance
Lightning Source LLC
LaVergne TN
LVHW010014230826
846092LV00002B/815

* 9 7 8 2 3 2 9 4 1 3 1 4 3 *